東京子ども図書館

50年のあゆみ

東京子ども図書館 編

（略）　わたくしたちは、子どもの、知的、情緒的、精神的発達の上で、読書が、非常に大きな役割を果すことを信じています。ことに、今日のように、情報と生活が画一化されていく社会にあっては、子どもが、それぞれの興味と能力に応じて、自由に読書することが、個性を伸ばし、想像力を養う上で欠かせないことと考えます。刻々と変化していく社会に適応していくための、自己教育の手段としての読書も、また子どもの時代に、習慣づけられる必要があります。

このように重要な子どもの読書が、質のよい書物を得て、より充実した内容をもつ営みとしてなされるようにというのが、わたくしたちの願いであり、子どもの読書生活の基本的な場としての図書館の充実、発展をはかることによって、子どもの心のすこやかな発達を助けるのが、わたくしたちの活動の目的です。

以上のようなことから、わたくしたちは、ここに財団法人東京子ども図書館の設立を発起する次第です。

一九七四年一月一四日

石井桃子
佐々梨代子
松岡享子

東京子ども図書館設立趣意書より

はじめに

　東京子ども図書館は、2024 年 1 月 31 日に財団設立 50 周年を迎えました。多くのみなさまの長年にわたるお支えにより、大きな節目を迎えられましたことを心より感謝申し上げます。

　周年事業のひとつとして、当館のあゆみを辿る記念誌を製作することになりました。写真がたくさん入った、アルバムのような、見てたのしい冊子にしたい。行事やイベントの記録だけではなく、館内での日々の活動や、スタッフの様子もお伝えできたら、と考えました。

　当初の方針では、年度ごとに一見開きの誌面構成にするつもりでしたが、当館保存の写真探しに着手してみると、時代をさかのぼるにつれて写真の点数が減り、写真撮影が今のように気軽ではなかったことを思い知らされました。そのため、残念ながら、1971 年から 95 年までは、見開きに数年を配するレイアウトとなりました。写真のほかには、その年の主な出来事や、新刊書影、松の実文庫、児童室、資料室の日誌からの抜粋なども載せています。

　古いアルバムに、設立時に間借りしていた 2DK の図書室の写真を見つけました。そこからは家庭的なあたたかさが伝わるともに、ここは図書室であると胸を張っているような初々しさを感じました。（そこに、アイリーン・コルウェルさんもいらしたのです！）年月を経て変色してしまった紙焼きの写真からは、そのときの空気や、活動の熱気が伝わってきました。

　先達の積み重ねてきた日々に思いを馳せながら製作したこの記念誌に、みなさまの歩んでこられた日々を重ねておたのしみいただけることを願っています。そして、これからも度々当館へ足をお運びいただき、次の節目を祝う未来のアルバムの 1 枚に加わっていただけたら嬉しく存じます。

2024 年 10 月
公益財団法人 東京子ども図書館
理事長 張替惠子

本は、ことばでできています。

ことばは、こころとつながっています。

こどものこころを解き放つことば。

こどものこころを耕すことば。

こどものこころをつくることば。

ことばに対する信頼が揺るぎがちの現在、

もういちど、こどもの成長を助ける

ことば（本）の力を確かめてみたいと思います。

1984 年 設立十周年記念講演会パンフレットより

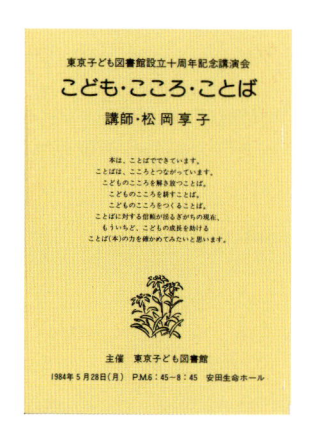

凡　例

・東京子ども図書館の活動を年度ごとに辿りました。

・講演会、講座などは主要なものを掲載しました。

・肩書はその年のものです。

・出版物は全点を収載しました。書影は本文に、書名などの情報は
　年表に掲載しました。そのうち、著者名、出版社名のないものは、
　東京子ども図書館編・刊です。

・➡は関連事項を示します。

もくじ

はじめに　**3**

活動の源流　1955 年〜　**6**

1971 年度〜 1980 年度　**8**

1981 年度〜 1989 年度　**14**

1990 年度〜 1999 年度　**20**

2000 年度〜 2009 年度　**32**

2010 年度〜 2019 年度　**52**

2020 年度〜 2024 年度　**72**

50 年のあゆみ かぞえて、たして、ならべてみると……　**82**

印刷物、カレンダー大集合　**84**

グッズあれこれ　**86**

年表　**88**

東京子ども図書館　歴代役員と評議員　**94**

表紙絵：大社玲子

活動の源流　1955年〜

　　　東京子ども図書館の設立に先立ち、「子どもの本研究会」と「家庭文庫研究会」という集まりと、それらの参加者たちが主宰していた4つの家庭文庫の活動がありました。

子どもの本研究会

　1955年の秋、石井桃子は欧米での児童図書館、出版社の視察から帰国すると、親しい友人たちに声をかけ、私的な勉強会を開きます。最初、会の名前は、メンバーの石井桃子、瀬田貞二、鈴木晋一、松居直、いぬいとみこの名前の頭文字を取って、「ISUMI会」と呼ばれていました。（渡辺茂男はアメリカ留学後、1957年から参加）後に、「子どもの本研究会」に改称します。

　明治以降の児童文学を真摯に追究した成果は、1960年に『子どもと文学』として結実。1964年には、同会メンバーの共訳で、カナダの児童図書館員リリアン・スミスの

『児童文学論』も刊行しました。また、優れた児童書がどのようなものであるかを示すために、1966年、小冊子版のブックリスト『私たちの選んだ子どもの本』を刊行。数回の改訂を重ねたのち、1974年の研究会の解散にともない、その仕事は東京子ども図書館に引き継がれました。

「子どもの本研究会」メンバー

『私たちの選んだ子どもの本』
子どもの本研究会 編・刊　1966年

『私たちの選んだ子どもの本』補遺版
子どもの本研究会 編・刊　1969年

家庭文庫研究会

　1957年に、文庫を主宰していた村岡花子、土屋滋子、石井桃子らは「家庭文庫研究会」を結成。会報の発行のほか、全国の、家庭文庫を開こうとする人たちに、セット本の寄贈や貸出なども行います。また、福音館書店と協力し、海外の絵本を翻訳、出版しました。

　しかし、日本の子どもの読書環境をよくするには、やはり公共図書館の充実が鍵であるという見通しから、1964年に公共図書館の児童奉仕担当者を中心とする「児童図書館研究会」と合流することにより、活動に幕を閉じました。

家庭文庫研究会
おしらせ1号

世田谷区上北沢　土屋児童文庫
1955 年〜 1996 年

4つの家庭文庫

　土屋滋子の2ヵ所の「土屋児童文庫」、石井桃子の「かつら文庫」、松岡享子の「松の実文庫」。4つの文庫の主宰者たちが、より永続的な図書館活動をめざして、1971 年に財団法人設立の準備に着手しました。

中央区入船町　土屋児童文庫
1956 年〜 1986 年

杉並区荻窪　かつら文庫
1958 年〜

中野区江原町　松の実文庫
1967 年〜 1986 年

1971年度 1971 年 4 月 〜 1972 年 3 月

- 東京子ども図書館設立準備委員会発足
- 第1回バザーを開催
- 第1回お話の会を開催

● 設立準備をはじめる
富士ビル31号室に事務所がおかれた。

● 第１回バザーと“手づくりはたのし”工房
運営資金を得るために、職員の手づくり品などを販売。
のちに“手づくりはたのし工房”が設立されました。

● はじめての刊行物
『えほんのせかい こどものせかい』

1972年度 1972 年 4 月 〜 1973 年 3 月

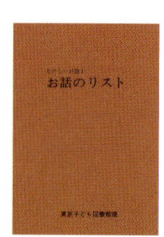
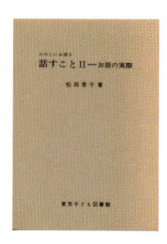

新刊

1973年度 1973 年 4 月 〜 1974 年 3 月

- 富士ビル32号室を借りる
- 松の実文庫が富士ビル32号室へ移転
- 「おはなしのろうそく」刊行はじまる
- 東京都教育委員会より、財団設立の認可を受ける

新刊

財団設立 1974年1月31日

●財団設立許可書

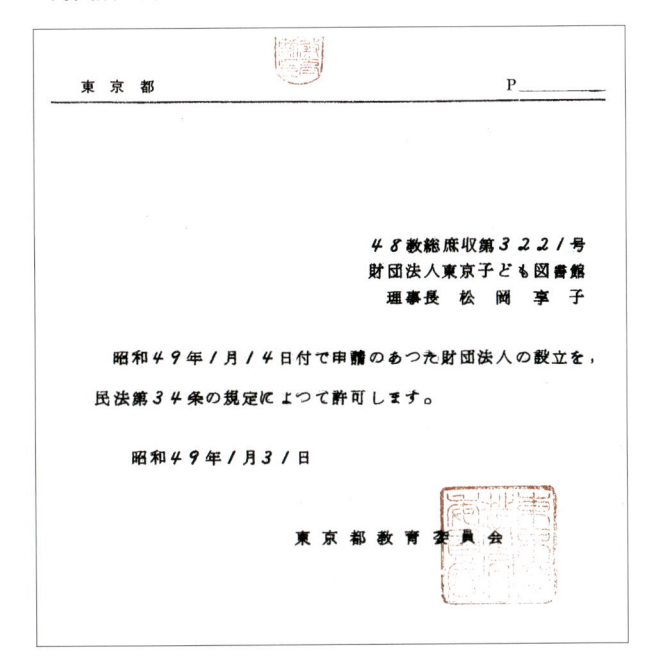

設立趣意書➡ P2

1974年度 1974年4月～1975年3月

- 資料室開室
- 第1期お話の講習会はじまる
- 石井桃子氏講演会「幼児のためのお話」
- 第14回久留島武彦文化賞特別賞受賞
- 機関紙「おしらせ」刊行開始
- 連続講座「グリム昔話の夕べ」開催

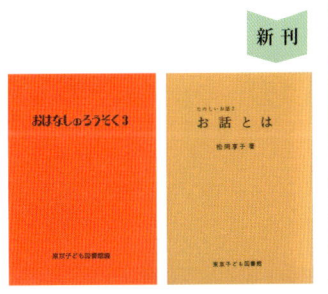

●富士ビル3階の図書室

1975年度 1975 年 4 月 〜 1976 年 3 月

● 渡辺茂男氏講演会「子どもの本の国際交流」
● 夏期（短期）お話の講習会開始

🐦 松の実文庫の日誌より

・TちゃんがKちゃんに大声で「ねえ、ちょっとちょっと、『それほんとう？』があるわよ！」「えっ、それほんとう？」
・Oくん「きつね森の本ある？ "ふろしき" だいこんの……」

● 「昔話の残酷性」刊行
1974 年開催の連続講座「グリム昔話の夕べ」の講義内容をまとめた。

1976年度 1976 年 4 月 〜 1977 年 3 月

● アイリーン・コルウェル女史招聘

●**コルウェルさん講演会（東京）**
東京、大阪での講演会、箱根での「児童図書館員のためのセミナー」を開催しました。

歓迎レセプションにて。

ゲストブックに記帳していただきました。

1977年度 1977年4月〜1978年3月

● 松の実文庫改築

● **松の実文庫改築**

松岡宅改築の際に、2階に文庫専用のスペースをとり、続きのホールでお話会もできるようになりました。改築中に仮住まいしていた富士ビルから戻ってきました。

引っ越しの日に。

松の実文庫の日誌より

・Nちゃん、引っ越し先の文庫の場所がわからなかったらしく「警察に行って聞こうと思ったのよ」と言いながら入ってきた。
・Oくんは新しい文庫にやってくるなり「すげえな！すげえな！」ときれいな文庫にびっくりした様子。さらに、NHKが取材に来ているのを見て「すげえな！NHKだって！すげえな！」と連発していた。

新刊

おはなしのろうそく6

東京子ども図書館編

Eileen Colwell

コルウェル女史講演録

松岡享子訳

東京子ども図書館

● **ブルーノ・ベッテルハイム氏講演会**
「子どもにとって昔話はなぜたいせつか」

● かつら文庫

写真：漆原宏

1978年度 1978年4月～1979年3月

- ● かつら文庫改築
- ● 練馬区豊玉北のフォレストハイツ311号へ移転
- ● 「おしらせ」が20で終了

● かつら文庫改築
石井宅改築が終わり、文庫も再開。

● フォレストハイツ
3階の一室を、事務室と資料室として使った。

● 書評の勉強会　松の実ホールにて
1976年に、職員研修のひとつとしてはじまる。

新刊

  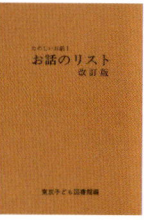

 松の実文庫の日誌より

- ・「ふしぎなお客」に凝っているMくん。今日も「読んで、読んで」といい「これ、こわいんだよね」と嬉しそう。最後は「わかってるからこわくない」といいながらも、身体はいつでも逃げ出せる格好なのがおもしろい。

 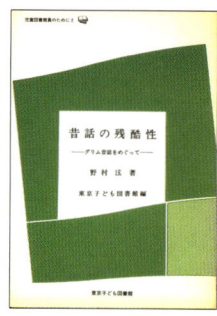

1979年度 1979年4月〜1980年3月

● 機関誌「こどもとしょかん」刊行開始

●松の実文庫

写真：漆原 宏

新刊

🐦 松の実文庫の日誌より

- ・KくんとYくん、「おはなしのろうそく」をあれこれ見ながら「ねむくなるほどおもしろい話、どこ？」
- ・Mちゃんと話していたNちゃん「あーら、松岡享子って知らないの？　ここに勤めてるんだよ。時々、来てるじゃない！！」

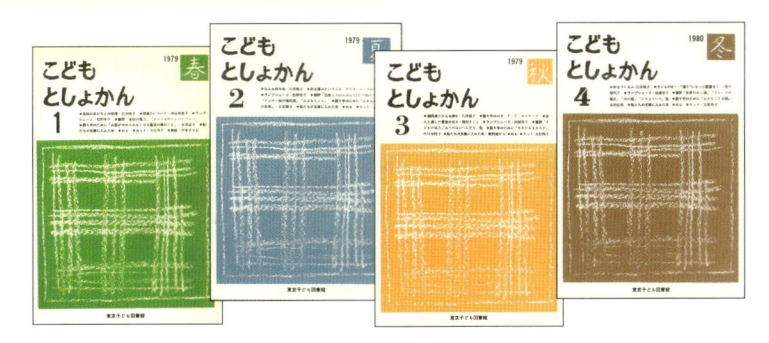

● 機関誌刊行開始
これまでの「おしらせ」が、A5判、24頁の季刊誌に成長。

1980年度 1980年4月〜1981年3月

🐦 松の実文庫の日誌より

- ・常連のOくん、新しい人が文庫に入る手続きをしていると「おれが支配人だからな」と態度が大きい。

新刊

昔話を絵本にすること
松岡享子

1981年度 1981 年 4 月〜1982 年 3 月

- 地方・小出版流通センターと取引開始、
  全国書店への出版物の販路が開かれる
- 月例お話の会100回をむかえる

● 月例お話の会 100 回記念の集い

中川李枝子さん　　　　　佐々梨代子さん　　　山口雅子さん

月例お話の会 100 回
記念文集

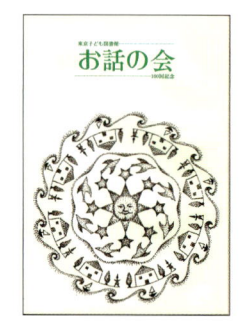

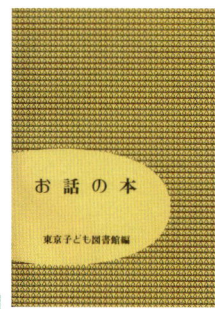

1982年度

1982 年 4 月〜1983 年 3 月

 松の実文庫の日誌より

・Mちゃん、やってくるなり松岡さんの姿を
　探し「おだんご先生、いないのオ〜？」

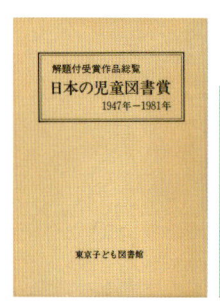

 新刊

● かつら文庫 25 周年

1983年度 1983年4月～1984年3月

● 設立10周年記念事業および募金実施

● 1982 年度の改装に続き、10 周年記念事業で事務室、資料室整備拡張工事

「『まるで図書室みたいでしょう？』図書館と名の
ついているところが図書室みたいになったといって
喜ぶのもおかしな話ですが……」 82 年度 年次報告より
それからさらに図書館らしくなりました。

● 10 周年記念バザー

ねらいをさだめて。

オークションも
盛り上がりました。

1984年度 1984年4月〜1985年3月

● 東京子ども図書館設立10周年　記念講演会、シンポジウム

● 10周年記念事業「お話のたのしみを子どもたちに」

「お話をたのしむ会」

記念講演会「こども・こころ・ことば」

記念シンポジウム「図書館と文庫の接点をさぐる」

大月ルリ子さん

装丁リニューアル

新刊

1985年度

1985 年 4 月 ～ 1986 年 3 月

● 児童室開室準備委員会発足

1986年度 1986 年 4 月 ～ 1987 年 3 月

● 児童室開室　それにともない松の実文庫、入舟町土屋児童文庫閉室

●開室にむけての改修工事

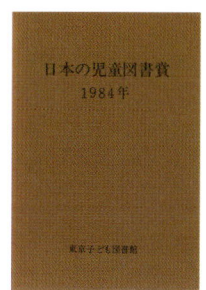

どのくらい進んだかしら？

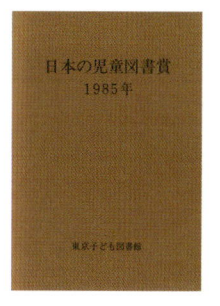

●児童室開室式

児童室の日誌より

・友だちを 2 人連れてきた T くん『11
ぴきのねこマラソン大会』をすっかり
広げ、「天国と地獄」を歌いながら 3
人でコースをたどって面白がっていた。

1987年度 1987年4月〜1988年3月

● 児童室開室から1年

「今では、児童室は地域にしっかりと根を下したように思えます。」

年次報告より

外から展示の本をのぞく。

🐦 児童室の日誌より

- ・Sちゃん「ここは中学生になったら来ちゃだめなの？」というので「ううん、いいんだよ。高校になってもいらっしゃい」というと、「よかったぁ。だって、あと3年でここの本全部読むつもりなんだもの」頼もしい！
- ・電車の大好きなOくん（小6）、お茶の時間にスタッフが部屋を出ようとすると「乗務員の交替ですか？」

新 刊

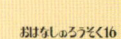

おはなしのろうそく16

東京子ども図書館編

1988年度

1988年4月〜1989年3月

● 夏期お話の講習会

2泊3日で行いました。

講習会報告➡機関誌「こどもとしょかん」39号

児童室の日誌より

- Ｙくん（３歳）がお母さんと話し合って本を借りている様子が面白く、言葉づかいも「〜です」と丁寧だったので「本当に３歳？」と聞いたら「はい、４歳に近い３歳です」とのたまった。
- 貸出期限を過ぎてしまったＴくん「遅れてスミマセン」というところ、「長い間オセワニナリマシタ」という。

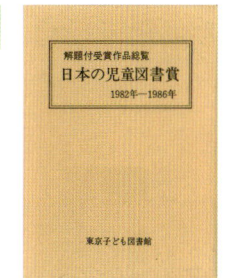

新刊

1989年度 1989年4月〜1990年3月

●児童室クリスマス会
出し物のパネルシアターをたのしむ
子どもたち。

新刊

児童室の日誌より

- 返却時にいつも一言ずつ寸評（？）をのべるＲちゃんによると『なきむしようちえん』は「おもしろかったー」、『せかいのひとびと』は「ながかったー」。
- 『ああたいくつだ！』を紹介してもらったＴくん、「おもしれー。すっげえおもしれえ。これ借りる。こんなおもしろいの、ぜったいのがさない！」と感動。

資料室 トピック

- ニューベリー賞、コルデコット賞の受賞作がほぼ全点そろう。
- 評議員 島多代氏の要請で、アメリカ図書館協会発行の Booklist 誌に載せるリスト（ここ数年間の児童書で、海外にもすすめられるもの）の作成に協力。

1990年度　1990 年 4 月〜1991 年 3 月

● マーシャ・ブラウン女史来日

●マーシャ・ブラウン女史講演会
「左と右」
講演全文➡機関誌「こどもとしょかん」49 号
1994 年講演と合わせ➡『庭園の中の三人 / 左と右』

 児童室の日誌より

・おはなし会の後も、うさこちゃんのシリーズをたくさん読んでもらった F ちゃん、
スタッフから「頭がいっぱいになるから、少しお休みしよう」と言われると「まだ
この辺までしか入ってないから大丈夫」「入ってもすぐ出てっちゃうから大丈夫」
という。
・マーシャ・ブラウンさんの来訪に興奮気味の子どもたち。Y ちゃんはマーシャさん
と二人あやとりをして「外国の人もあやとりするんだ！」とびっくりしたり喜んだり。

装丁リニューアル

新刊

1991年度　1991 年 4 月〜1992 年 3 月

● 『私たちの選んだ子どもの本』刊行
前回の改訂（78 年）から 10 年以上たっていたことや、
新聞などで紹介されたこともあり、当館始まって以来の
売り上げとなりました。

注文殺到！

新刊

●児童室

🐦 児童室の日誌より

・Yくんの弟（2歳）は借りていた『ゆかいなかえる』が気に入ってしまい、返すのが嫌で図書館の前でワーワー泣いた。
・「やかまし村」を読んでおもしろかったというYちゃん、「『男の子はヒミツが守れません』って本当にそうなんだよ」。

1992年度 1992年4月～1993年3月

● 資料室改装・事務室移転

お話会がはじまるよ

●資料室改装
改装後は、3階の資料室がお話会の会場になりました。静かに静かに1階から階段で移動。

おはなしのろうそく 19

新刊

東京子ども図書館編

1993年度　1993年4月～1994年3月

- 設立20周年記念募金開始

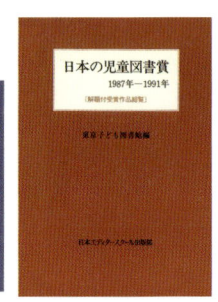

児童室の日誌より

- Rちゃんにフィルムかけを手伝ってもらうと「自分がかけた本が誰かに読まれると思うと嬉しくなるね」とのこと。

1994年度　1994年4月～1995年3月

- 設立20周年記念事業

●松岡理事長講演会
全国 29 ヵ所で講演会を行いました。

●マーシャ・ブラウン講演会
（東京子ども図書館を応援する会主催）
講演内容➡『庭園の中の三人』
➡『庭園の中の三人 / 左と右』

機関誌は 1 年間特集を組みました。

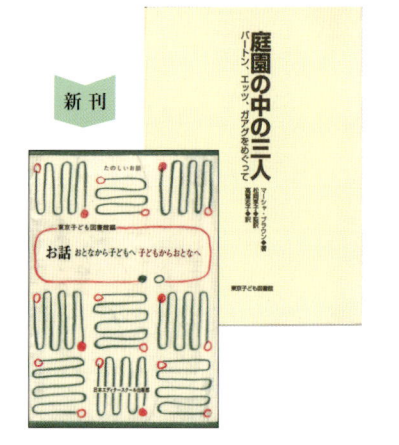

児童室の日誌より

- 大人であふれた児童室のすみっこであやとりをしていたTちゃん（小2）「ここはね、東京“子ども”図書館なんだからね！　おとなが多すぎるよ」。

1995年度 1995年4月～1996年3月

- ●「おはなしのろうそく」累計発行部数100万部突破
- ● 石井桃子奨学研修助成事業発足
- ● 上北沢 土屋児童文庫閉室

● 夏期お話の講習会　奈良県桜井市
初めて地方での講習会を開催しました。

昼食代徴収しています。

カレーライス
代金453円

● 上北沢 土屋児童文庫閉室
41年続いた文庫を閉じることになりました。
文庫最終日には、お別れの会が開かれました。

●児童室クリスマス会
みんなで「ライオン狩り」。

装丁リニューアル

こども
としょかん
1995・春
65

こども
としょかん
1995・夏
66

こども
としょかん
1995・秋
67

こども
としょかん
1996・冬
68

新刊

おはなしのろうそく21

1996年度　1996年4月〜1997年3月

- 石井桃子奨学研修助成事業第1回を実施
- 新館建設工事はじまる

● 新館建設工事はじまる

建設予定地に立つ。

地鎮祭で鍬入れ。

上棟式であいさつ。

● **スペンサー・G・ショウ氏来館**
米国の図書館学教授で著名なストーリー
テラーでもあるショウ氏が来館。
Teeny-Tiny（ちいちゃい、ちいちゃい）
を語ってくださいました。

石井桃子さん来館。

● **児童室クリスマス会**
フォレストハイツでの最後のクリスマス会。

下駄箱がいっぱい。

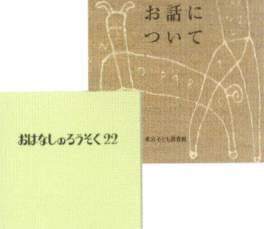

🐦 **児童室の日誌より**

・恐竜の本が大好きなＳくん（４歳）、カウンターで
「きょうりゅうのほんは、かえさなくちゃいけない
の？」と真面目な顔で尋ねる。
・読書週間で本を読むように学校で言われたＨくん
（小２）「太い本じゃなくちゃいけないんだ。絵本
じゃだめなんだ」。すると聞いていたＤくん（４歳）
が「細長い本なら知ってるよ『つきのぼうや』」。

新刊

1997年度　1997年 4月 ～ 1998年 3月

● 中野区江原町1-19-10に新館完成、移転

●新館建設工事
フォレストハイツの児童室から、子どもたち
が工事を見学に行きました。

●米国議会図書館児童文学センター長
　シビル・ヤグッシュ氏を囲む会

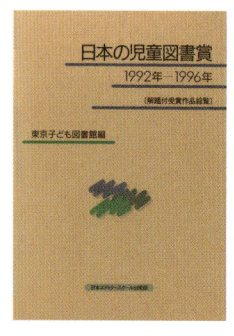

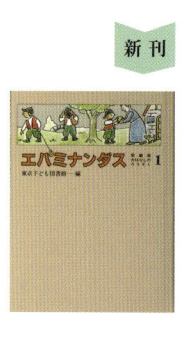

元かつら文庫のお兄さん髙橋樹一郎さんが来館。

● 新館完成　開館式を開催

新館完成。

石井桃子さん、佐藤英和さん　　　　　　　　　*

大社玲子さん

設計者 草野光廣 ご夫妻

「建物は工事が終了した時点で完成するのではない。その日から建物としての成長がはじまる——使われることによって」　　設計者　　　年次報告より

式典コック長と馬場のぼるさん

*写真：高木あつ子　　　　　　　　　　*

1998年度　1998年 4月 〜 1999年 3月

- 第1期子どもの図書館講座はじまる
- かつら文庫40周年記念の会
- わらべうたの会はじまる

●美智子皇后がご来館
第 26 回 IBBY ニューデリー大会の関係者が、見学もかねておいでになりました。

●かつら文庫 40 周年記念の会
懐かしい顔がそろってお祝いしました。

●夏期お話の講習会

● 連続講座「第1期子どもの図書館講座」
　はじまる

ＫＪ法を使って、「望ましい児童図書館員像」に
ついて意見を出し合いました。

● バザー

こちょこちょ

● パソコンなどが揃いはじめる

● 児童室

児童室の日誌より

新刊

・Mちゃん（小6）は『すえっこOちゃん』返却のとき、めちゃめ
　ちゃ面白かったと嬉しそうに報告。「お母さんも読んで、ごはん
　作るの忘れちゃったんだよ」。
・3歳になったKくん、「ぼうし、ぼうし…」といいながら入って
　きて『おさるとぼうしうり』を読んでもらう。おはなしの時間に
　参加し、感激のあまりサンダルをかじってしまうほど。

1999年度　1999年4月～2000年3月

● 月例お話の会300回をむかえる

● **月例お話の会 300 回記念お話会**
1967 年に開催された「第 1 回お話を楽しむ会」を、プログラムも語り手もそのままに再現しました。

小河内芳子さん（92 歳）も語られました。

光野トミさん

中尾幸さん

● 第 1 期「子どもの図書館講座」発表会

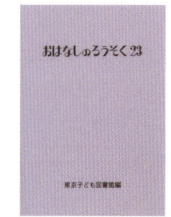

新刊

●ロバート・マックロスキー、マーク・シーモント両ご夫妻
来館

●児童室クリスマス会

●かつら文庫クリスマス会
プレゼントをわたすのは石井桃子さん。

●エリック・カール氏来館

2000年度　2000年4月〜2001年3月

- 松岡理事長が1年間の長期休暇を取得
- 野間読書推進賞特別賞受賞

●春の花が咲く児童室入り口

●松岡理事長が1年間の長期休暇を取得
短期留学先のペンドル・ヒルで撮影した朝顔。

児童室の日誌より

- 『にたものランド』を前に読んだことのあるＡちゃん（小３）、友達と一緒に細かいところまで見て楽しみ「えーっこんなのもわからないの？」と連発して、ご満悦。
- 『小さな魚』を返却したＴちゃん（中３）は「この本とてもよかった。人生はそんなに甘いもんじゃないってことも感じた」との感想。

●おりがみの会
折り紙名人の高校1年生のお兄さんが先生。

●機関誌「こどもとしょかん」87号にむけて
石井桃子奨学研修助成金を受領した留学生をお招きして、座談会を開催。

● バザー
長期休暇のため松岡バザー隊
長が不在でしたが大盛況。
長蛇の列ができました。

おいしいリンゴが大人気。

● 児童室クリスマス会
たくさんの子どもでにぎわう。

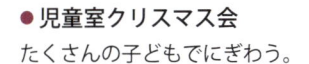

● 唐亜明氏講演会
「子どもとおとなの境、日本と中国の境」

● 野間読書推進賞特別賞を受賞

新刊

東京子ども図書館の
あゆみ

1955〜1974〜

なかすね　ふとはら
がんりき

2001年度　2001年 4月 〜 2002年 3月

● 子どもBUNKOプロジェクト（伊藤忠記念財団と共同事業）開始

ベランダの
ブルーベリーが豊作。

● 夜のお話会
スイカランタン製作中。

出来上がりはこちら。

● 暑気払いの会

いただきます！

● 機関誌「こどもとしょかん」夏号発送
発送作業は役職員総出で行います。

いざ出陣！

● バザー
松岡隊長の「エイ、エイ、オー！」で
1日がスタート。

"手づくりはたのし"工房のみなさん。

● ヴィクター・ワトソン氏講演会
「イギリスの絵本──その歴史と現在」

● 賛助会員の集い　第1回

元祖フルーツパンチを
作る荒井理事。

看板は松岡享子作。

2002年度　2002年4月〜2003年3月

- 研修生制度発足
- アイリーン・コルウェルさん追悼会

コルウェルさんを訪ねて。
（1992年撮影）

児童図書館員の大先達であるコルウェルさん追悼の会を、当館ホールで開き、感謝をもってその業績をしのびました。

コルウェルさんから
贈られたドラゴン。

資料室
トピック

・コルウェルさんからの寄贈本を受け入れ「アイリーン・コルウェル・コレクション」として特設コーナー設置。

新刊

● 研修生制度発足
第1期研修生。

● 児童室クリスマス会
ハンドベルのお稽古。

サンタさんの問いかけに一斉
に手を挙げる子どもたち。

🐦 児童室の日誌より

・「ねずみのほん」シリーズにはまっているRくん（5歳）、2
　巻目を読み終えたあと「次は『ねずみのたべものさがし』だね」。
・お名前カードのぞうさんが気になるEちゃん（小1）、「あ！
　じ"ぞう"しつだから？！」。

● 本の会風景
児童室におく本を選びます。

2003年度　2003年4月～2004年3月

● 財団設立30周年をむかえる

毎日の通勤は
さっそうと自転車に
乗って

● 『おさるとぼうしうり』の指人形
さる年に合わせて皆で製作しました。

常駐の子ども BUNKO プロジェクト担当・髙橋さんのお
昼は、松岡さん手作りのお弁当！

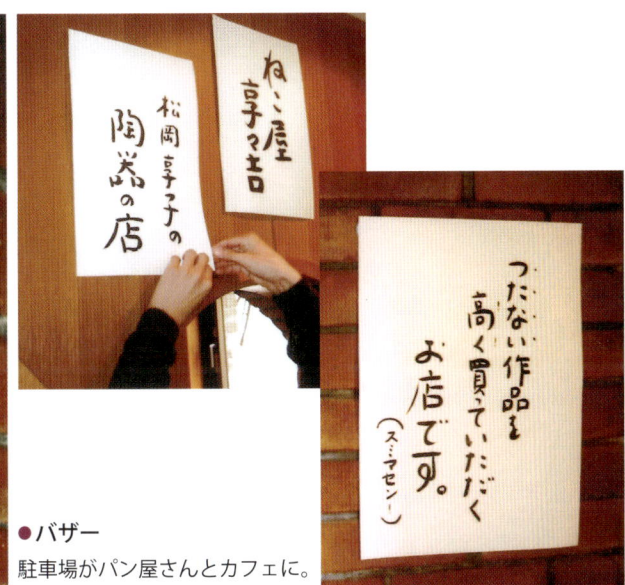

● バザー
駐車場がパン屋さんとカフェに。

● 児童室クリスマス会
第 2 期研修生が、
パネルシアターをしました。

● 機関誌「こどもとしょかん」100 号記念
1 号からの読者 4 人をむかえて座談会を開きました。

2004年度　2004年 4月 ～ 2005年 3月

- 設立30周年記念事業および募金実施
- 国立国会図書館 国際子ども図書館と人事交流
- 松岡理事長IBBY大会出席　オナーリスト翻訳部門受賞

●南アフリカでの IBBY 大会出席
喜望峰にて。

●松岡理事長の古希を祝うお話会
松岡さんの創作したお話を教え子たちが
語りました。

●BL（Booklist）マラソン
基本蔵書目録編纂にむけての読書会。

●子ども BUNKO プロジェクト
全国行脚が終了し、おつかれさまの会を
開きました。

● バザー
資料室が喫茶コーナーに。お買い物を終えたお客様で大盛況。

児童室 子どもだけのバザーには、
10円で買える掘り出し物も。

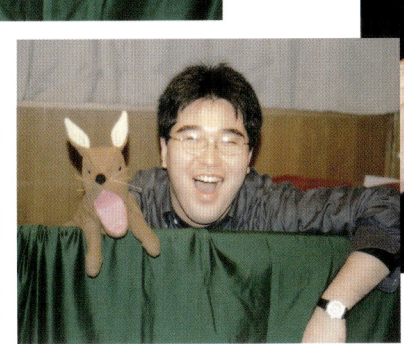

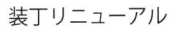

● 児童室クリスマス会 　出し物は「金色とさかのオンドリ」。

装丁リニューアル

2005年度　2005年4月～2006年3月

●石井桃子さん99歳のお誕生日

●お祝いに記念アルバムを贈呈
機関誌読者や賛助会員のみなさまに石井桃子さんの翻訳、著作の中から「ご自分にとっていちばん大切な作品」を3点あげていただきました。寄せられたコメントを、順位ごとにまとめ、アルバムを作りました。
1位は『イギリスとアイルランドの昔話』でした。

●児童室
読書キャンペーン「本はタイムマシーン」。

3歳になって児童室の会員になるのを楽しみにしていた子が、ついに登録の「おやくそく」。

🐦 児童室の日誌より

・「ただいまー」と毎日のようにやってくるご近所のY君（3歳）。「いたずらかいじゅうビリー」や「ワニのライル」「ひとまねこざる」などたくさんの絵本を読みました。

●バザー

オークションの品物は、アンデルセン生誕200年に
ちなんだもの。
この皇帝の新しい着物、あなたには見えますか？

オークションの戦利品を手に記念撮影。

●バザーの準備中

アンデルセンのお話「天使」にちなんで、紙粘
土で作った天使に色付け（翼がむずかしい！）。

●賛助会員の集い

松岡、張替両名の図書館学の
恩師濱田敏郎夫妻が来館。

新刊

2006年度　2006年4月 〜 2007年3月

- 「おばあさんのいす」事業発足
- 「石井桃子さん100歳おめでとう！」フェア開催

- **石井桃子さん 100 歳を祝う**
100 歳のお誕生日を祝う催しを、教文館 子どもの本のみせナルニア国と協力して行いました。

＊
＊写真：高木あつ子

佐々梨代子さん　　　＊

教文館での記念お話会。

土屋智子さん　　　＊

児童室の子どもたちも石井桃子さんへエールをおくりました。
「フレー！　フレー！　いしいももこさん」

● ラモーナを読む会
ベバリイ・クリアリー作、松岡享子訳の「ラ
モーナ」シリーズ完結を機にラモーナ年
齢（4〜10歳）の子どものお母さん、お
父さんと読書会をしました。

児童室の日誌より

・小学2年のKちゃんは、バザーで
ラモーナ・クイズがあると知ってか
ら「ヘンリーくん」シリーズに挑戦、
おとなに混じって参加したクイズで
は、出題者に"ラモーナ少女"と呼
ばれるほどの解答ぶりでした。

● 児童室

松の実文庫に通っていた、大嶋ライアン・
ユミコさんが、アメリカから来館。

● 池田正孝氏の写真パネルを展示
館外貸出もはじめました。

新 刊

おはなしのろうそく20

●「おばあさんのいす」事業はじまる
各地の経験豊富な"おじいさん"、"お
ばあさん"が、子どもにお話を届けるこ
とを中心に据えた事業です。児童室の「こ
どもの日　おとなもいっしょのおはなし
会」からスタート。写真は平塚ミヨさん。

2007年度　2007年4月〜2008年3月

● 「かつら文庫の50年」記念行事開催

● 「かつら文庫の 50 年」記念の集い
於・朝日ホール

● 「かつら文庫の 50 年」記念お祝いの会
於・国際文化会館

かつら文庫の元子どもたちとお姉さんが再会。

● 夜のお話会
小さな魔女のお人形、どこに吊るす？

● 児童室クリスマス会
子どもたちは、年齢ごとに
並んで待ちます。

ハンドベル
まちがえないように、
真剣です！

🐦 児童室の日誌より

・Aちゃん（小１）は毎日のように顔を見せ、いろ
いろな作品を読みました。『みてるよみてる』や『こ
れはのみのぴこ』等のおかしい所で、手をたたいて
笑いこけ、感想を口にするので、あらためて、子ど
もらしい素直な読み方を実感できます。

新刊

● 児童室

2008年度　2008年4月〜2009年3月

- 石井桃子名誉理事長死去（2008年4月2日）
- 石井桃子さんに感謝する会
- 在日日系ブラジル人の子どもたちへの読書支援活動スタート
- ホームページ公開はじまる

● **石井桃子さんに感謝する会**
6回の短いプログラムを行い、石井桃子さんのエッセイや、読者からの感謝のことばを朗読しました。

参加者には、めいめい献花のための白い花を1輪ご持参いただきました。

● 児童室蔵書点検
目録カードのチェック中。

● 「たのしいお話」シリーズが「レクチャーブックス」に
サインのご希望にこたえる松岡さん。

● 児童室クリスマス会
「こまどりのクリスマス」の影絵劇
舞台裏。真剣な表情の研修生。

● 第24期お話の講習会修了式

新刊

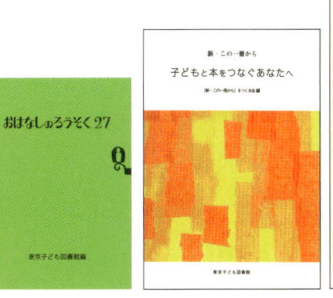

2009年度　2009年4月〜2010年3月

● 松岡理事長、韓国・ヌチナム子ども図書館主催のシンポジウムにて講演
● 月例お話の会400回をむかえる

●児童室
常連の子どもたちが、雨で濡れた葉っぱを
ドアのガラスに貼って「ここは、子どもの
図書館だよ！」とアピール。

児童室の日誌より

・同じ幼稚園のHちゃん、Sちゃんは「日本妖
　怪図鑑」や「日本の妖怪百科」シリーズに大
　層ご執心で、「ほんとのこと？」とスタッフに
　尋ねながらも、来館するたびに「怖い本、読
　んで！」とせがんでいました。

新しい自転車
「きょきょ号」

機関誌「私たちの選んだ児童室の本」欄にのせる紹介文書きに苦戦中の研修生。

● 韓国・ヌチナム子ども図書館主催の
　シンポジウムにて講演

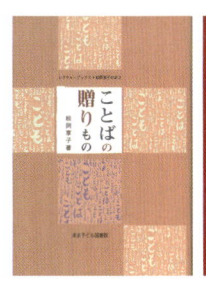  

● 職員研修　先輩にきく
評議員の田島伸二氏にこれまで識字活動に
携わってきた道のりをうかがいました。

2010年度　2010年 4月〜 2011年 3月

● 内閣総理大臣より公益財団法人の認定を受ける

● **公益財団法人になりました**
当館にご寄付をくださった方が、税法上の優遇措置を受けられるようになることは、「長年の悲願」でした。

職員全員がパソコン画面を見守るなか、最初の申請書類が内閣府に送信されました。

朝のおつとめ。

●**昼食風景**
事務室の「大テーブル」を囲んで皆でお昼ごはん。

●**夜のお話会**
魔女からこわごわプログラムを受け取る。

● **在日日系ブラジル人の子どもたちへの支援活動**
左開きが日本語、右開きがポルトガル語の、小冊子『ブラジルのむかしばなし 1』を刊行しました。

まつおかさんちの
ねこファーム特製のへちま
おねだん　1こ　￥200

● バザー　今年は、『まめたろう』を特集。

バザーで販売するへちまを
干す研修生。

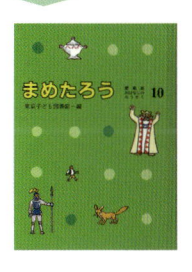

● ジャンバ・ダシドンドグさんと談笑
モンゴルで、児童書出版や移動図書館の活動を行っている
ダシドンドグさんが来館。　➡機関誌「こどもとしょかん」140号

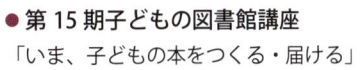

川上賢一氏

● 第15期子どもの図書館講座
「いま、子どもの本をつくる・届ける」

島田進矢氏

2011年度　2011年4月〜2012年3月

- 松岡享子理事長77歳の誕生日を祝う「Happy77」お話会開催
- 「3.11からの出発」事業発足

●「3.11からの出発」事業発足

東日本大震災のあと、多くの方から被災地の子どもの読書を支援する活動を始めてくださいとの励ましや、ご寄付が届きました。そのお気持ちを背に「3.11からの出発」と名付けた活動を開始しました。

盛岡市のNPO法人「うれし野こども図書室」は、被害の甚大な岩手県陸前高田市に子ども図書館をつくろうと動き始めていました。当館はこの動きを全面的に支援。関係者の努力が実を結び、トレーラーハウスの図書館「ちいさいおうち」が開館しました。

 新刊

●児童図書館 基本蔵書目録 1巻目

2005年より編集作業にあたってきた、『絵本の庭へ』をついに刊行しました。

●松岡理事長　喜寿のお祝い

2月から3月12日の誕生日までの、およそひと
月の間に松岡さんの創作、翻訳作品77話を集め
た連続お話会などを行いました。

研修生による人形劇。

●バザー

「3.11からの出発」支援グッズ〈手ぬぐい　ねこおどり〉の
鉢巻をしめた松岡さん。

自らお客さまの誘導も。

2012年度　2012年4月〜2013年3月

● 広報DVD「子どもと本のたのしい出会い
　　　　　　──東京子ども図書館の活動」完成

児童室の子どもの前で、ウェッタシンハさんがお話をしながら絵を描いてくださいました。

● 「Ｔ＆Ｔ シビル・ウェッタシンハ氏をお招きして」
『きつねのホイティ』などでおなじみのスリランカの絵本作家ウェッタシンハ氏が来館されました。松岡さんもサリーでおむかえしました。

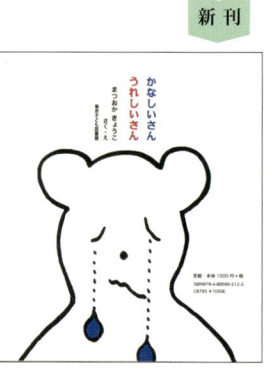

新刊

🐦 児童室の日誌より

・公共図書館とはしごすることが多いKくん（小3）は、『ルーピーのだいひこう』『いたずらでんしゃ』を借り「ここでは、こういう本を借りることにしよう」と話していました。『わゴムはどのくらいのびるかしら？』を自分で声に出して読んだあと「バカみたい！」といいつつ借りて帰ったこともありました。

●石井桃子さんのへや「ひなのつきオープンハウス」
職員による石井桃子さんのエッセイ朗読のあと、石井さんの書斎などをゆっくり見ていただきました。

●モンゴルからのお客さま
宇田祥子さんのご案内で、画家のバーサンスレン・ボロルマーさんと、作家のイチンノロブ・ガンバートルさんが来館されました。

●西尾哲夫氏・茨木啓子氏講演会
「アラビアンナイト」

●赤羽茂乃氏講演会
「義父の好物──赤羽末吉の人生」
講演内容➡機関誌「こどもとしょかん」139号

2013年度　2013年4月〜2014年3月

- 財団設立40周年を迎える
- かつら文庫リニューアル・オープン行事開催

- **渡辺鉄太氏講演会**
「かつらの木陰から散歩に出て──渡辺
茂男の仕事と蔵書と石井桃子さん」
講演内容➡機関誌「こどもとしょかん」
143号

- **かつら文庫リニューアル・オープン行事**
内覧会と記念講演会を開催しました。

● 神宮輝夫氏講演会
「アーサー・ランサムとその時代」
「戦後の作品にあらわれた子ども像」

● 基本蔵書目録のための研究
2巻目『物語の森へ』刊行に向けて選定を進める。

●第18期子どもの図書館講座
講師　荒木田隆子氏
「瀬田貞二氏の仕事──『児童百科事典』と
三つの評論集を読む」（全5回）

●先輩に聞く
研修プログラムの一環である「先輩に聞く」を、対象
を拡大して一般にも公開しました。
講師　清水康之氏
「NHKからNPOへ──私が自殺対策に取り組む理由」

● 児童室おばあさんのいす
お正月遊びをたのしみました。

● 賛助会員の集い
研修生の発表もありました。

2014年度　2014年4月〜2015年3月

- ● 財団設立40周年記念事業および募金開始
  - おはなしのろうそくチャリティマラソン
  - 児童図書館の基本を学ぶ 出張講座キャラバン（広島）
  - 松岡享子　記念講演会
- ● かつら文庫一般公開開始
- ● 2014年度東燃ゼネラル児童文化賞受賞

●財団設立 40 周年記念事業
　松岡享子　記念講演会
於・よみうり大手町ホール
「子どもの本─きのう・きょう・あす」

財団設立の認可を得てから満 40 歳の 2014 年 1 月 31 日に始まった 40 周年記念事業は、2015 年 3 月 の「記念講演会」をもって締めくくることができ ました。

読売新聞 編集委員 尾崎真理子さんより花束贈呈。

当館評議員の荒井優さん。

講演会受付の行列。

● 財団設立 40 周年記念事業
「おはなしのろうそくチャリティマラソン」
「おはなしのろうそく」全巻に収録されているお話を、全国のみなさんに語っていただき、その報告をホームページで紹介。ゴールが決まり、エントランス展示も模様替え。

● 財団設立 40 周年記念事業「出張講座キャラバン in 広島」
（広島県子どもの読書連絡会との共催）
児童サービスの基本を学ぶ講座を、現地の活動団体と共に企画。当館の役職員がチームで各地へ出向きました。

● 資料室 T & T「アンをめぐる人びと」
講師　張替惠子

資料室トピック
・蔵書データベースの構築のための遡及入力開始。

新刊

● 東燃ゼネラル児童文化賞を受賞
受賞記念公演では、子どもが本に出会う道のりを辿りつつ、わらべうた、読み聞かせ、お話を披露しました。

2015年度　2015年4月〜2016年3月

- 張替惠子 理事長就任　松岡享子 名誉理事長就任
- 財団設立40周年記念事業「児童図書館の基本を学ぶ 出張講座キャラバン」
  宮城、新潟で開催

● 張替惠子 理事長就任　松岡享子 名誉理事長就任

ご挨拶

──若い、意欲と能力のある職員たちがぐんぐん力をつけていっている今、つぎにバトンをわたすのが最善と判断しました。　　　　　　　　　　　　　松岡享子

──松岡が身をもって示してくれた、子どもと本に対する信頼、そしてこのふたつをむすぶ仕事のたのしさ、豊かさを次の世代へつないでいくために、しっかりとバトンを受け取り、同様の覚悟でいる職員たちと心を合わせて、みなさまのご期待に添えるよう力を注いでまいります。　　　　　　　　　　　　　　　　　　張替惠子

にゃお　にゃお

ふたりの共訳書「黒ネコジェニーのおはなし」にちなんで、役職員によるホーンパイプダンスでお祝いしました。

●バザー

充実の古本屋さん。

このブローチは

おいくら？

オークションには、松岡さんのつけているブローチも出品されました

●「出張講座キャラバン in 宮城」
（子ども読書コミュニティみやぎとの共催）

●「出張講座キャラバン in 新潟」
（新潟子どもの本を読む会と新潟県立図書館との共催）

講演内容➡『読者としての子ども』

●Ｔ＆Ｔ佐藤英和氏講演会
「エドワード・アーディゾーニに魅せられて」

佐藤氏が長年蒐集された「エドワード・アーディゾーニ・コレクション」をご寄贈いただき、かつら文庫展示室で公開することになりました。

装丁リニューアル

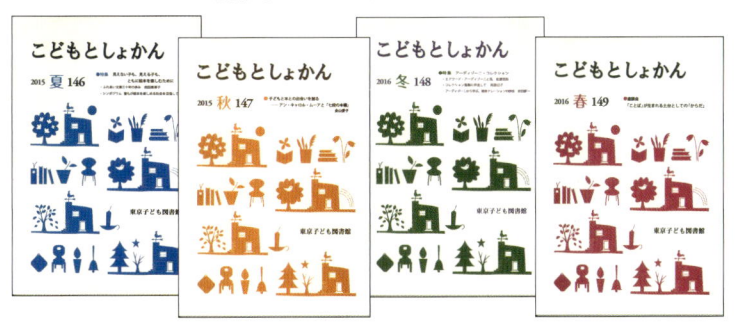

2016年度　2016年4月〜2017年3月

● みんなで愛蔵版を贈ろうプロジェクト実施

いつもは咲かない藤の花が、
めずらしくよく咲きました。

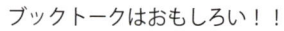

ブックトークはおもしろい！！

はじめまして。

盗み聞きでは
ありません！

おはなしのじかんに遅れて来た子のため、
お話が終わるタイミングを探る研修生。

🐦 児童室の日誌より

・お母さんが家でたくさん読んでくれるYくん（小2）は、『う
　さぎどんきつねどん』を返却するとき「こういうあたまを
　つかったおもしろい話がすき！」と大変満足そうでした。

●かつら文庫のひなまつり
文庫の2代目お姉さんだった荒井督子さんが、おひなさまの由来を説明。

この日は、特別にお雛菓子が出ます。

●吉田新一氏講演会
「エドワード・アーディゾーニの絵本」
講演内容➡機関誌「こどもとしょかん」148号

● おはなしのへや
薪ストーブをつけて、おはなしを
聞きました。

●大塚敦子氏講演会
「ともに生きる─平和・いのち・人と動物の絆」
講演内容➡機関誌「こどもとしょかん」154号

2017年度　2017年4月〜2018年3月

- 「石井桃子生誕110年・かつら文庫60周年記念企画」
- 復刊キャンペーン「今ふたたび、この本を子どもの手に！」

- かつら文庫60さい！　きねんえんそく
児童室の子どもたちが、バスと電車を乗り継いでかつら文庫に行きました。

『石井桃子フォト・リーフレット』

石井桃子さんの書斎で説明を聞く。

- 子どもの本・蚤の市

研修生がジューンベリーを収穫中。
（あとでジャムにします。）

● バザー

松岡享子作「雪のブローチ」
またたくまに売り切れました。

バザー開始直前まで、製作
にいそしむ松岡さん。

新 刊

● 『物語の森へ』ついに刊行！

上村令氏講演会
「子どもの本を読んで、子どもの本を作って」
『物語の森へ』刊行記念講演会より

納品されました。本の包みは重い！
でも、達成感がある！

清水眞砂子氏講演会
「事実と真実のあいだで──マヤ・ヴォイチェ
ホフスカの文学を考える」
講演内容➡機関誌「こどもとしょかん」156 号

2018年度　2018年4月〜2019年3月

● 子どもたちに本を贈ろうプロジェクト開始

● IFLA（国際図書館連盟）児童・ヤングアダルト図書館
　分科会の常任委員が訪問

● 資料室　蔵書データベース構築作業
ベテラン司書の方たちの協力を得て進行中。

● 児童室

● 夜のお話会
スイカランタンが出来ました。

児童室の日誌より

・ Hちゃん（小2）は『くまのパディントン』を読ん
でもらい、おふろの大騒動に大笑い。一方、アンデ
ルセンの『白鳥』を家でお母さんに読んでもらった
ときには「きれいな文章だね」と言ったそうです。

● 『おはなしのろうそく 32』
刊行記念
バザーのお楽しみ会で、
「おばけのかぞえうた」を実演。

たいへんよろしい

● かつら文庫
恐竜博士・真鍋真さんのお話をききました！

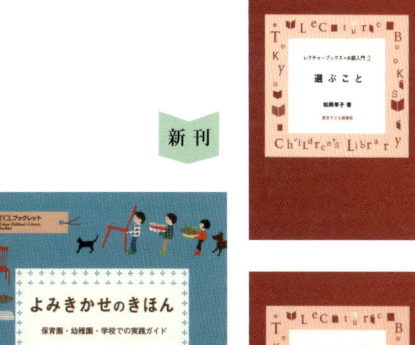

● 第 21 期子どもの図書館講座
「公共図書館の児童サービス──三芳町立図書館
の実践」　講師 代田知子さん

● かつら文庫

新刊

2019年度　2019年 4月〜 2020年 3月

- 昼のお話会100回をむかえる
- 月例お話の会500回をむかえる
- ブックレット『本よんで よんでもらって うれしいさん』6万部を無料配布
- YouTube配信をはじめる

- 「昼のお話会 100 回記念チャリティ」「月例お話の会 500 回記念チャリティ」開催

館の役職員が、いままでお支えくださったみなさまへの感謝をこめて、それぞれ、愛着のあるお話を語りました。

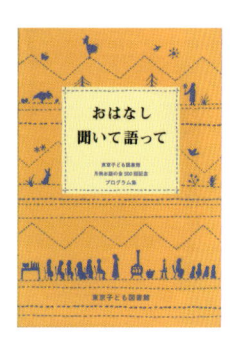

チャリティお話会に合わせてプログラム集を刊行しました。

● 『あたまをつかった小さなおばあさん』
続編刊行記念・朗読＆トーク
挿絵を描かれた降矢奈々さんと。

● 児童室　おばあさんのいす　紙ずもう大会

はっけよい、のこった！

● 児童室
見学に来た小学生に研修生が本を紹介。

● 読み聞かせ・ブックトークの動画配信 収録中
コロナ禍で休校中の子どもたちとその保護者にむけて、
昔話の読み聞かせやブックトークの YouTube 配信を
はじめました。

● 川崎康男氏・古川信夫氏講演会
「大塚勇三さんのこと」
講演内容➡機関誌「こどもとしょかん」165 号

2020年度　2020年 4月～ 2021年 3月

- 児童室・資料室・かつら文庫 臨時休館（3/27～6/30）
- OPAC（オンライン蔵書目録）公開
- Instagramスタート
- オンラインによるライブ配信始まる

●**毎年恒例のバザーにかえて**
「きょきょ工房」として松岡さんの手づくり品を
カタログ販売しました。

●OPAC（オンライン蔵書目録）公開

資料室
トピック

- ・コロナ禍により、メールでのレファ
レンスや利用登録の受付を開始。
- ・オンライン蔵書目録で資料室の和書
や児童図書賞受賞作の一部を公開開始。

検索画面

児童室の日誌より

- ・絵の上手なFちゃん（小1）は、休館中に自宅で児童
室の絵を描こうとしたものの「ずっと行ってないから
思い出せなくなっちゃった」と途中で断念。7月に児
童室が再開すると、最後まで描き上げてくれました。

読書会

● コロナ禍、ライブ配信を試みました

初のオンラインの催し
それはそれは緊張しました。

ブックトーク祭り

ブックトークカフェ・なないろ
（当館の講座修了者有志による「虹の会」との共催）

池田正孝氏 S ＆ T「ハイジ」
池田先生の米寿のお祝いもしました。

新刊

2021年度　2021年4月〜2022年3月

- 松岡享子名誉理事長 文化功労者に選出される
- 2022年1月25日　松岡享子名誉理事長死去

写真：松岡恵実

「文化功労者」に選ばれて

　このたびのことは、まったく思いもかけなかったことで、ほんとうに驚いております。これまでに選ばれた方々の、専門分野をつぶさに調べたわけではありませんが、子どもの文学や読書の問題を正面切って取り上げたのは初めてのことではないかと存じます。そのことを、まず何よりもうれしく思います。文学にしても、児童文学は〝おんなこども〟のものとして、一段ひくく見られてきたきらいがありましたから。

　しかし、地球上に難問が集積し、その解決に人智を結集する必要が生じている現在、わたしたちが頼りにするのは、なんといっても未来のポテンシャルをもった子どもです。彼らがそのポテンシャルを最大限にのばし、果敢に難題に向かって、その解決にすすんでくれるように祈らずにはいられません。そのために、ひとりひとりの子どもが、しっかりしたことばの力を身につけ、これまでに集積された、人類の智恵がある文学作品から多くを吸収し、将来へ向けて生かすことが望まれます。そのために子どもが読書によって自力をつけることは、ますます大事になります。

　これまで微力ながら、そのために力をつくすことができたことを感謝し、このたび、わたしが選ばれたことにより、多くのこころざしのある若い人たちが、子どもの読書活動の発展と普及に力をつくしてくださることを願っています。

　　　二〇二一年十月　　松岡享子

74

● コロナ対策
感染状況に応じて、児童室に隣接するホールでの貸出や、開室日・時間の短縮を行いました。

● チェロの演奏
12月22日の年内最終開館日には、研修生がチェロで「きよしこのよる」を演奏しました。

児童室の日誌より

・Hちゃん（6歳）は、「もうすぐ1ねんせいになるの」と、『くんちゃんのはじめてのがっこう』を借り、お誕生日が過ぎると「5さいのときにかりた『ふわふわくんとアルフレッド』をもう一度6さいでかりる」と言ったり。大きくなることへの喜びが伝わりました。

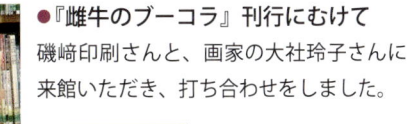

● 児童図書館員のための初級研修プログラム
児童図書館の基本を学ぶ連続講座を初めてオンライン講座として実施しました。

● 『雌牛のブーコラ』刊行にむけて
磯﨑印刷さんと、画家の大社玲子さんに来館いただき、打ち合わせをしました。

新刊

2022年度　2022年 4月〜 2023年 3月

- ●「池田正孝先生に感謝する会」開催
- ●「松岡享子さんに感謝する会」開催
  会への寄付をもとに、「本よんでうれしいさん基金」を設ける

●「松岡享子さんに感謝する会」開催
松岡さんの 88歳のお誕生日にあたる 2023年 3月 12日から、
1週間、少人数制で 27回に分けて開催しました。
オンライン特別プログラムも配信しました。

写真：高木あつ子

● 『知識の海へ』刊行

17年かけた基本蔵書目録編纂がついに完結。

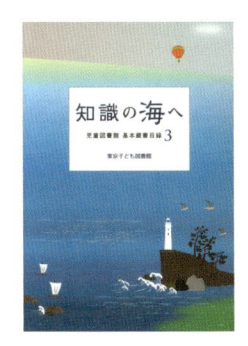

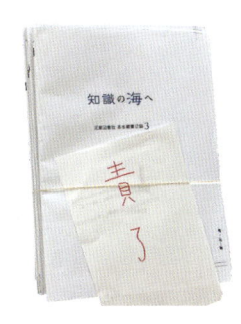

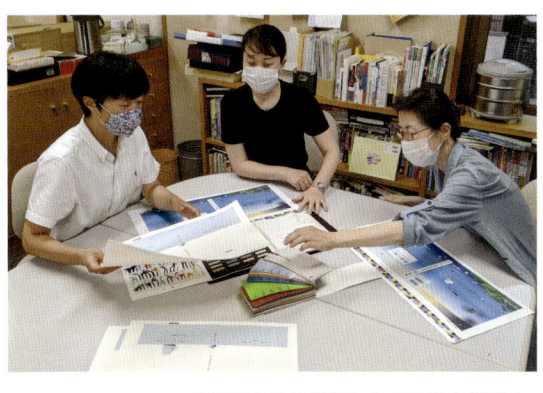

色校正を見ながらしおりの色を検討中。

● 児童室の読書キャンペーン

「まつおかきょうこさん たのしいほんをありがとう」

松岡さん著訳の本やお話をとりあげました。

 新刊

2023年度　2023年4月〜2024年3月

- 財団設立50周年をむかえる
- 設立50周年記念企画を開始

●児童室

●児童室納涼お話会
夏休み期間の「おはなしのじかん」を、こわいプログラムを
たのしむ会にしました。

●関谷裕子氏講演会
「昔話を子どもに届けること──子どもに語るシリーズを出版して」
講演内容➡機関誌「こどもとしょかん」178号

装丁を担当した足立秀夫さんにも
ご登場いただきました。

●ブックトーク祭り準備中

資料室
トピック

- エアコンの水漏れで洋雑誌等が被害
  を受ける。洋書の一部にカビが再発。
- オンライン蔵書目録で、かつら文庫
  の「エドワード・アーディゾーニ・コ
  レクション」や資料室の「那須辰造コ
  レクション」の公開を開始。

● 児童室　設立 50 周年記念企画

設立記念日の 1 月 31 日に、おはなし会とミニバザーを開催しました。

「うれしいさん　かなしいさん」のペープサート特別バージョン上演、クイズのあと、しめくくりにくす玉を割ってお祝いしました。

● 設立 50 周年記念企画　お話の普及に焦点をあてた映像の制作

森英男監督の指揮により、インタビューなどの撮影がはじまりました。

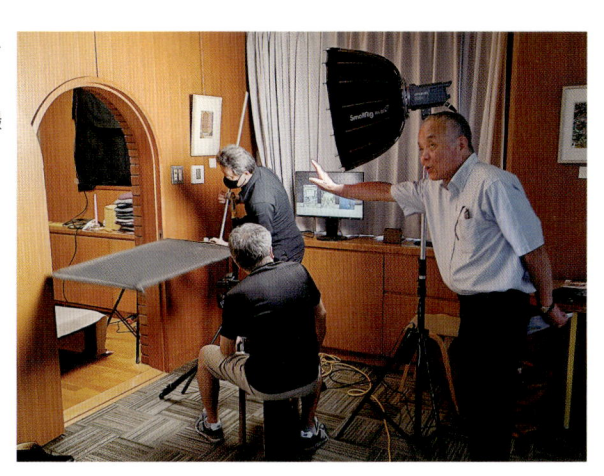

2024年度　2024年 4月〜

● 設立50周年記念企画を継続

当館のあゆみを辿る記念誌の製作

お話の普及に焦点を当てた映像と録音資料の制作と上映

地階およびホール改修のためのクラウドファンディングの実施　ほか

● 機関誌「こどもとしょかん」設立 50 周年記念号

181 号

まだ夢をみることができるか——東京子ども図書館の
「これまで」と「これから」　理事長　張替惠子

—— 閉塞感が広がる社会で追い立てられるような生活を送る子どもたちですが、それでも、語られるお話に身を乗り出し、面白い絵本や物語に目を輝かせる瞬間に、私たちは立ち会うことで勇気をもらっています。

世の中がどんなに変わろうと、子どもたちが楽しみのうちに本と出会い、本を、自分を育てる手立てとして、生涯活用できるようにと願う気持ちは、いまも変わりません。

夢を見なくなるのは、その夢が叶ったときか、あるいは、それをあきらめたとき。いまはまだ、そのどちらでもない。——

182 号　座談会　みんなで考える東京子ども図書館の「これから」

座談会風景

●夜のお話会

5年ぶりに開催。スイカランタン製作中の研修生。

新魔女 登場。

● ブックトーク・ワークショップ

●復刊された『べんけいとおとみさん』の
ジオラマ　江森俊一さん製作

●大テーブルでの昼食が復活

コロナ禍で自粛していましたが、また、皆でお
茶や食事をするようになりました。

新刊

50年のあゆみ かぞえて、たして、ならべてみると……

児童室の統計は、当館の児童室開室時（1986年11月）より、2023年度末（2024年3月）までの数字です。

● 児童室にやってきた子どもの数

のべ
124,379人

1980年代	1990年代	2000年代	2010年代	2020年代
14,582	37,860	39,259	28,542	4,136

● 児童室で借りられた本の数

1980年代	1990年代	2000年代	2010年代	2020年代
26,091	65,417	50,970	38,978	11,231

合計
192,687冊

● 児童室で借りられた本 TOP 5

1 なぞなぞえほん 1のまき
2 なぞなぞえほん 2のまき
3 エルマーのぼうけん
4 なぞなぞえほん 3のまき
5 ろけっとこざる

次点　ひとまねこざる
　　　ひとまねこざるときいろいぼうし

● おはなし会の回数

1980年代	1990年代	2000年代	2010年代	2020年代
278	1,126	1,393	1,361	312

合計
4,470回

児童室に来た子の約3分の1が、おはなしをききました

● おはなし会に参加した子どもの数

のべ
38,020人

1980年代	1990年代	2000年代	2010年代	2020年代
1,874	10,858	14,897	9,591	800

● お話の講習会修了生 （第1期〜第38期）

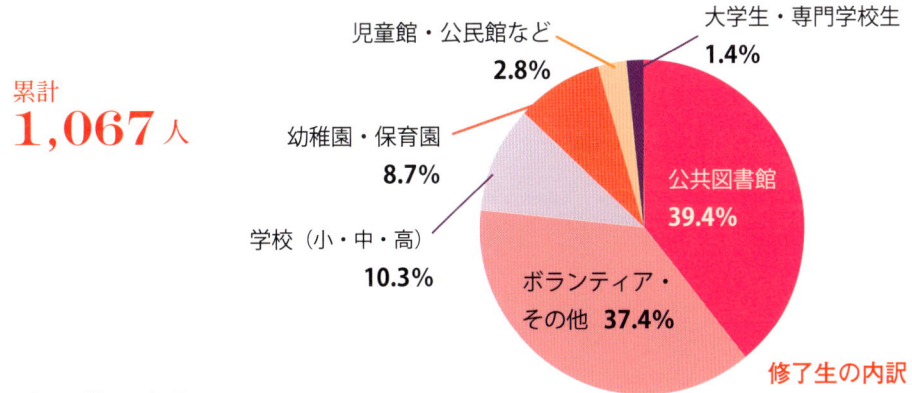

累計
1,067人

- 児童館・公民館など **2.8%**
- 大学生・専門学校生 **1.4%**
- 幼稚園・保育園 **8.7%**
- 公共図書館 **39.4%**
- 学校（小・中・高） **10.3%**
- ボランティア・その他 **37.4%**

修了生の内訳

● 賛助会員数の変化

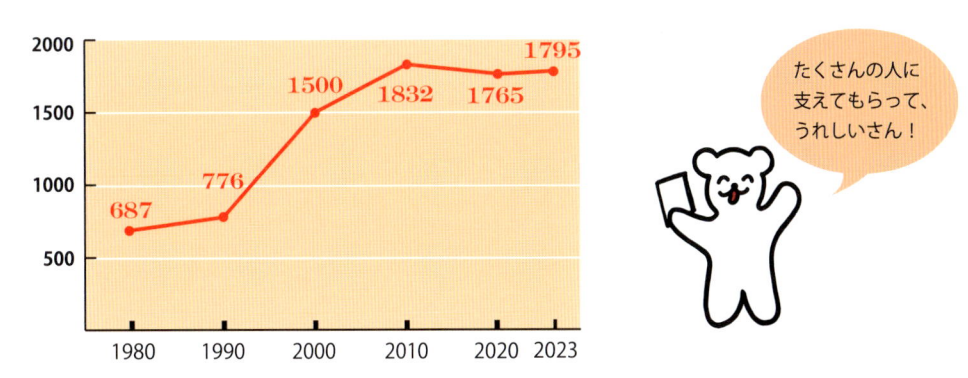

たくさんの人に
支えてもらって、
うれしいさん！

● 出版物総発行部数 TOP3 （〜2024年3月）

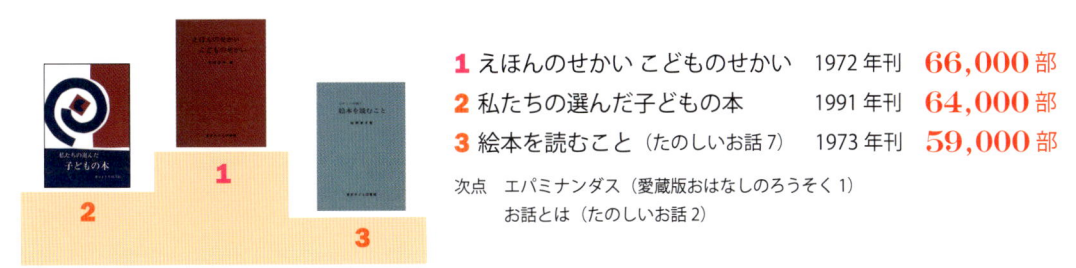

1 えほんのせかい こどものせかい　1972 年刊　**66,000** 部
2 私たちの選んだ子どもの本　　　　1991 年刊　**64,000** 部
3 絵本を読むこと （たのしいお話 7）　1973 年刊　**59,000** 部

次点　エパミナンダス （愛蔵版おはなしのろうそく 1）
　　　お話とは （たのしいお話 2）

● 「おはなしのろうそく」総発行部数 TOP3 （〜2024年3月）

累計発行部数
187 万部

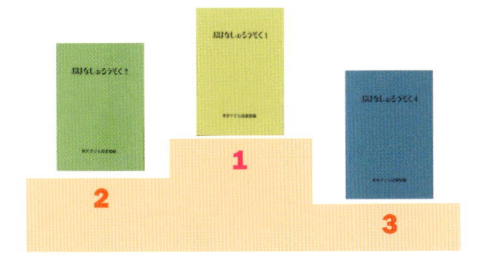

1 おはなしのろうそく 1　1973 年刊　**159,000** 部
2 おはなしのろうそく 2　1973 年刊　**129,000** 部
3 おはなしのろうそく 4　1975 年刊　**117,000** 部

次点　おはなしのろうそく 3
　　　おはなしのろうそく 5

印刷物、カレンダー大集合

グリムカレンダー

大社玲子絵 1981 年

アンデルセンカレンダー

大社玲子絵 1982 年

ぬいぐるみカレンダー

1985 年〜 1997 年

製作：手づくりは たのし工房

写真撮影：湯沢雍彦

絵本の歴史カレンダー

1998 年〜 2017 年

デザイン：池田泰子

企画・編集：島 多代

　　　　（ミュゼ・イマジネール）

池田正孝 写真カレンダー

2018 年〜

2008　2014

2014　2022

クリアファイル

2010

グッズあれこれ

2014

2007

2021

グリーティングカード

2021

きょきょ工房
ポストカードセット

ミニノート
2024

2023

2022

一筆箋

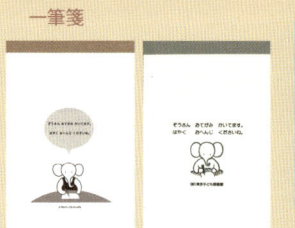

2018

2011　2002

ハンカチ、手ぬぐい

2018

2012

2015

バージニア・リー・バートンさん
ポストカード

2018

1979
グリム絵はがき

レターセット

付箋

2015

ぬりえ絵巻
2024

2010

ペープサート
2017

トートバッグ

2013

2015

2019

2018

2014

2020
エコバッグ

2016

マスキングテープ

年　表

1955　昭 30　　子どもの本研究会発足（1974 年まで）

　　　　　　　土屋児童文庫はじまる（土屋滋子主宰・世田谷区上北沢）

1956　昭 31　　入舟町土屋児童文庫はじまる（土屋滋子主宰・中央区入船）

1957　昭 32　　家庭文庫研究会発足

1958　昭 33　　**かつら文庫はじまる（石井桃子主宰・杉並区荻窪）**

1960　昭 35　　『子どもと文学』石井桃子ほか著　中央公論社

1965　昭 40　　家庭文庫研究会、児童図書館研究会と合流

　　　　　　　『子どもの図書館』（岩波新書）石井桃子著

1966　昭 41　　『私たちの選んだ子どもの本』子どもの本研究会編・刊

1967　昭 42　　**松の実文庫はじまる（松岡享子主宰・中野区江原町）**

1971　昭 46　　**中野区江原町、富士ビルにて東京子ども図書館設立準備委員会発足**

　　　　　　　第 1 回バザー開催。"手づくりはたのし"工房活動開始

1972　昭 47　　**月例お話の会はじまる（当時の名称は「お話の会」）**

　　　　　　　出版活動開始

　　　　　　　『えほんのせかい こどものせかい』松岡享子著

　　　　　　　『お話のリスト』（たのしいお話 1）

　　　　　　　『話すこと 2──お話の実際』（たのしいお話 6）松岡享子著

1973　昭 48　　『絵本を読むこと』（たのしいお話 7）松岡享子著

　　　　　　　『私たちの選んだ子どもの本』子どもの本研究会編

　　　　　　　『おはなしのろうそく 1』、『おはなしのろうそく 2』

1974　昭 49　　**東京都教育委員会より、財団設立認可を受ける**

　　　　　　　資料室開室（中野区江原町、富士ビル内）

　　　　　　　第 1 期お話の講習会はじまる

　　　　　　　石井桃子氏講演会「幼児のためのお話」

　　　　　　　第 14 回久留島武彦文化賞特別賞受賞

　　　　　　　機関紙「おしらせ」刊行開始

　　　　　　　連続講座「グリム昔話の夕べ」

　　　　　　　『おはなしのろうそく 3』、『お話とは』（たのしいお話 2）松岡享子著

1975　昭 50　　渡辺茂男氏講演会「子どもの本の国際交流」

　　　　　　　夏期（短期）お話の講習会開始

『昔話の残酷性——グリム昔話をめぐって』野村泫著、『おはなしのろうそく 4』

『お話の本』、『質問に答えて』（たのしいお話 8）松岡享子著

| 1976 | 昭 51 | **アイリーン・コルウェル女史招聘**（講演会 於：東京、大阪、児童図書館員のためのセミナー 於：箱根） |

『おはなしのろうそく 5』

| 1977 | 昭 52 | 松の実文庫改築 |

『おはなしのろうそく 6』

| 1978 | 昭 53 | かつら文庫改築 |

練馬区豊玉北のフォレストハイツ 311 号へ移転

『コルウェル女史講演録「子どもと本」』（児童図書館員のために 1）アイリーン・コルウェル著

『お話のリスト』改訂版（たのしいお話 1）

『昔話の残酷性——グリム昔話をめぐって』新装版（児童図書館員のために 2）野村泫著

『私たちの選んだ子どもの本』新版

| 1979 | 昭 54 | 「おしらせ」20 で終了 |

機関誌「こどもとしょかん」刊行開始

『おぼえること』（たのしいお話 4）松岡享子著、『おはなしのろうそく 7』

『おはなしのろうそく 8』

| 1980 | 昭 55 | 『おはなしのろうそく 9』、『おはなしのろうそく 10』 |

| 1981 | 昭 56 | **地方・小出版流通センターと取引開始、全国書店への出版物の販路が開かれる** |

月例お話の会 100 回を迎える

『昔話を絵本にすること——ホフマンの「七わのからす」をめぐって』松岡享子著、『お話の本』、

『おはなしのろうそく 11』、『お話の会』

| 1982 | 昭 57 | 『選ぶこと』（たのしいお話 3）松岡享子著、『おはなしのろうそく 12』 |

『日本の児童図書賞 1947 年—1981 年』

| 1983 | 昭 58 | 『おはなしのろうそく 13』、『日本の児童図書賞 1982 年』 |

| 1984 | 昭 59 | **設立 10 周年記念事業および募金実施** |

『おはなしのろうそく 14』、『日本の児童図書賞 1983 年』

| 1985 | 昭 60 | 東京子ども図書館児童室開室準備委員会発足 |

『おはなしのろうそく 15』、『日本の児童図書賞 1984 年』

| 1986 | 昭 61 | 児童室開室　それにともない松の実文庫、入舟町土屋児童文庫閉室 |

『この一冊から——はじめて児童奉仕にたずさわる人のために』書評の会編

『日本の児童図書賞 1985 年』

| 1987 | 昭 62 | 『おはなしのろうそく 16』 |

| 1988 | 昭 63 | 『日本の児童図書賞 1982 年—1986 年』 |

| 1989 | 平 1 | 『おはなしのろうそく 17』 |

1990	平2	マーシャ・ブラウン女史講演会「左と右」
		『変るもの変らないもの──松岡享子講演録』松岡享子著
		『お話の本のリスト』(たのしいお話9)、『おはなしのろうそく18』
1991	平3	『私たちの選んだ子どもの本』、『話すこと1──よい語り』(たのしいお話5) 松岡享子著
1992	平4	資料室改装・事務室移転
		『おはなしのろうそく19』
1993	平5	『日本の児童図書賞1987年─1991年』日本エディタースクール出版部刊
		『おはなしのろうそく20』
1994	平6	**設立20周年記念事業および募金実施**
		マーシャ・ブラウン講演会「私の絵本作り」「庭園の中の三人」
		『お話──おとなから子どもへ 子どもからおとなへ』日本エディタースクール出版部刊
1995	平7	「おはなしのろうそく」累計発行部数100万部突破
		石井桃子奨学研修助成事業発足
		『庭園の中の三人──バートン、エッツ、ガアグをめぐって』マーシャ・ブラウン著
1996	平8	石井桃子奨学研修助成事業第1回を実施
		上北沢の土屋児童文庫閉室。蔵書は阪神淡路大震災後、神戸市の土屋記念もみのき文庫に引き継がれる
		『おはなしのろうそく21』
		『お話について』(松岡享子レクチャー・ブックス1) 松岡享子著
1997	平9	**中野区江原町1-19-10に新館完成、移転**
		『昔話は残酷か──グリム昔話をめぐって』野村泫著、『おはなしのろうそく22』
		『エパミナンダス』(愛蔵版おはなしのろうそく1)
		「絵本の歴史カレンダー1」
1998	平10	**連続講座 第1期子どもの図書館講座はじまる**
		かつら文庫40周年記念の会
		『日本の児童図書賞1992年─1996年』日本エディタースクール出版部刊
		『なまくらトック』(愛蔵版おはなしのろうそく2)
1999	平11	『お話のリスト』第3版(たのしいお話1)、『おはなしのろうそく23』
		『語るためのテキストをととのえる──長い話を短くする』松岡享子著
2000	平12	月例お話の会300回記念お話会開催
		野間読書推進賞特別賞受賞
		『ついでにペロリ』(愛蔵版おはなしのろうそく3)
		『ながすね ふとはら がんりき』(愛蔵版おはなしのろうそく4)
2001	平13	**子どもBUNKOプロジェクト(財団法人伊藤忠記念財団と共同事業)**
		「東京子ども図書館のあゆみ」

『だめといわれてひっこむな』（愛蔵版おはなしのろうそく 5）

2002　平 14　次世代の児童図書館員を育てる研修生制度発足

『おはなしのろうそく 24』、『ヴァイノと白鳥ひめ』（愛蔵版おはなしのろうそく 6）

2003　平 15　コルウェルさん追悼会

2004　平 16　**設立 30 周年記念事業および募金実施**

「こどもとしょかん」100 号 記念号刊行

国立国会図書館 国際子ども図書館と人事交流

松岡理事長 IBBY（国際児童図書評議会）大会出席、オナーリスト翻訳部門受賞

『おはなしのろうそく 25』

『子どもの本のリスト──「こどもとしょかん」新刊あんない 1990 ～ 2001 セレクション』

2005　平 17　『雨のち晴』（愛蔵版おはなしのろうそく 7）

2006　平 18　おばあさんのいす事業発足

『おはなしのろうそく 26』

2007　平 19　教文館子どもの本のみせナルニア国と協力し「石井桃子さん 100 歳おめでとう！」フェア

『雛まつり』石井桃子著、『赤鬼エティン』（愛蔵版おはなしのろうそく 8）

2008　平 20　**「かつら文庫の 50 年」記念行事開催**

石井桃子名誉理事死去（2008 年 4 月 2 日）

石井桃子さんに感謝する会

在日日系ブラジル人の子どもたちへの読書支援活動スタート

『よい語り──話すこと 1』（レクチャーブックス◆お話入門 4）松岡享子著

『子どもと本をつなぐあなたへ──新・この一冊から』「新・この一冊から」をつくる会編

『お話の実際──話すこと 2』（レクチャーブックス◆お話入門 5）松岡享子著

『石井桃子さんがはじめた小さな子ども図書室　かつら文庫の 50 年──記念行事報告』（別冊こどもとしょかん）、『おはなしのろうそく 27』

2009　平 21　『ことばの贈りもの』（レクチャーブックス◆松岡享子の本 2）松岡享子著

『ホットケーキ』（愛蔵版おはなしのろうそく 9）

『お話とは』（レクチャーブックス◆お話入門 1）松岡享子著

2010　平 22　**内閣総理大臣より公益財団法人の認定を受ける**

『まめたろう』（愛蔵版おはなしのろうそく 10）

2011　平 23　**「3.11 からの出発」事業発足**

『ブラジルのむかしばなし 1』カメの笛の会編、『おはなしのろうそく 28』

『語る人の質問にこたえて』（レクチャーブックス◆お話入門 6）松岡享子著

2012　平 24　松岡享子理事長 77 歳のお誕生日を祝う Happy77 お話会

『私たちの選んだ子どもの本』改訂新版、『絵本の庭へ』（児童図書館 基本蔵書目録 1）

『うれしいさん　かなしいさん』まつおかきょうこ さく・え

| 2013 | 平 25 | 『ブラジルのむかしばなし』2・3　カメの笛の会編、『おはなしのろうそく 29』 |
| | | 『庭園の中の三人／左と右』（レクチャーブックス◆マーシャ・ブラウン）マーシャ・ブラウン著 |

2014　平 26　**設立 40 周年記念事業および募金開始**

出張講座キャラバン

"おはなしのろうそくチャリティマラソン" 実施

かつら文庫リニューアル・オープン行事開催

2014 年度東燃ゼネラル児童文化賞受賞

『東京子ども図書館のあゆみ──設立 40 周年記念』、『お話のリスト』新装版

『語るためのテキストをととのえる──長い話を短くする』（レクチャーブックス◆お話入門 7）

松岡享子編著、『おはなしのろうそく 30』

2015　平 27　**張替惠子 理事長就任　松岡享子 名誉理事長就任**

ブックトーク祭り

『今、この本を子どもの手に』

2016　平 28　みんなで愛蔵版を贈ろうプロジェクト実施

『がんばれ！ 児童図書館員』杉山きく子著、『ブックトークのきほん──21 の事例つき』（TCL ブックレット）、『おはなしのろうそく 31』

2017　平 29　**石井桃子生誕 110 年・かつら文庫 60 周年記念企画**

復刊キャンペーン　今ふたたび、この本を子どもの手に！ 開始

『石井桃子フォト・リーフレット』

『物語の森へ』（児童図書館 基本蔵書目録 2）

「池田正孝写真カレンダー 1」

2018　平 30　子どもたちに本を贈ろうプロジェクト 開始

ブックトーク・ワークショップ

『選ぶこと』（レクチャーブックス◆お話入門 2）松岡享子著

『おぼえること』（レクチャーブックス◆お話入門 3）松岡享子著

『よみきかせのきほん──保育園・幼稚園・学校での実践ガイド』（TCL ブックレット）

『おはなしのろうそく 32』

2019　令 1　昼のお話会 100 回を迎える

月例お話の会 500 回を迎える

『本よんで よんでもらって うれしいさん』

『おはなし聞いて語って──東京子ども図書館　月例お話の会 500 回記念プログラム集』

2020　令 2　YouTube 動画「東京子ども図書館おはなし配信」投稿開始

新型コロナウイルス感染拡大防止のため、児童室・資料室・かつら文庫臨時休館（3/27 ～ 6/30）

OPAC（オンライン蔵書目録）公開

『ティッキ・ピッキ・ブン・ブン』（愛蔵版おはなしのろうそく 11）

| 2021 | 令 3 | 児童室・資料室・かつら文庫開館日削減、見学中止（1/8 ～ 3/31） |

松岡享子名誉理事長 文化功労者に選出される

『昔話と子どもの空想』（TCL ブックレット「こどもとしょかん」評論シリーズ）

『児童図書館の先駆者たち──アメリカ・日本』（TCL ブックレット「こどもとしょかん」評論

シリーズ）、『雌牛のブーコラ』（愛蔵版おはなしのろうそく 12）

| 2022 | 令 4 | 松岡享子名誉理事長死去（2022 年 1 月 25 日） |

『知識の海へ』（児童図書館 基本蔵書目録 3）、『英国児童文学の舞台を訪ねて』池田正孝著

| 2023 | 令 5 | **「松岡享子さんに感謝する会」開催。会への寄付をもとに、「本よんでうれしいさん** |

基金」を設ける

『ランプシェード──「こどもとしょかん」連載エッセイ 1979 ～ 2021』松岡享子著

『おはなしのろうそく 33』

『お話について』（レクチャーブックス◆松岡享子の本 1）松岡享子著

| 2024 | 令 6 | **設立 50 周年記念企画** |

『読者としての子ども』（レクチャーブックス◆松岡享子の本 3）松岡享子著

『おはなしのろうそく 34』

東京子ども図書館　歴代役員と評議員

	肩書（原則として就任時のもの）	理事　＊監事	評議員
松岡 享子	児童文学の創作、翻訳、研究	1974―理事長	2015―名誉理事長
石井 桃子	作家、翻訳、編集者	1974―1997	1997―名誉理事
佐々 梨代子	かつら文庫、昔話翻訳	1974―1994	
鈴木 晋一	平凡社、食文化研究	1974―1976	
瀬田 貞二	児童文学者、翻訳家	1974―1979	
渡辺 茂男	児童文学者、翻訳家	1974―1982	
土屋 滋子	土屋児童文庫	1974―1993	
中川 李枝子	作家	1974―2006	
布川 角左衛門	筑摩書房顧問	1982―1996	1974―1982
大月 ルリ子	鴨の子文庫主宰、翻訳家	1994―2006	1974―1994
周郷 博	教育学者　お茶の水女子大学教授		1974―1980
吉野 源三郎	編集者　児童文学者　評論家		1974―1981
大江 健三郎	作家		1974―1982
川原 信			1974―1982
中野 好夫	英文学者　東京大学教授		1974―1982
清水 正三	日本図書館協会参与		1974―1994
野村 泫	東京外国語大学名誉教授		1974―1994
小河内 芳子	児童図書館研究会名誉会長		1974―2003
芝 恭子	東洋英和女学院短期大学教授	＊ 1974―1982	1982―1997
抜山 映子	弁護士	＊ 1974―1984	
東ヶ﨑 民代	国際文化会館図書室長	1979―1988	1988―1991
荒井 督子	成田市立図書館館長	1988―2010	1980―1988, 2010―2020
小坂 允雄	アジア経済研究所図書資料部次長	＊ 1982―1988	
牧原 清	株式会社ジェプロ	1982―1988	
松山 幸雄	朝日新聞論説副主幹		1982―1984
伊藤 雅子	国立市公民館職員		1982―1986
福嶋 礼子	江東区立城東図書館館長		1982―1994
赤星 隆子	図書館情報大学助教授		1982―2006
三宅 省三	弁護士	＊ 1984―1997	1997―2000
清水 榮一	東京都立日比谷図書館奉仕第二課長	＊ 1988―2006	1986―1988
菅原 峻	図書館計画施設研究所長		1986―1994
吉田 新一	立教大学教授		1986―1997
島 多代	ミュゼ・イマジネール主宰		1988―2017
大久保 乙彦	日本近代文学館事務局長		1988―1989
鈴木 喜久一	東村山市立図書館長		1988―1993
早川 克巳	日本経済新聞論説委員		1988―2010

	肩書（原則として就任時のもの）	理事 ＊監事	評議員
佐藤 英和	（株）こぐま社代表取締役	＊ 1997—2016	1991—1997
田島 伸二	国際識字文化センター代表		1991—2023
定村 質士	日本エディタースクール理事長		1991—2003
池田 正孝	中央大学教授	1997—2006	1993—1997, 2006—2010
土屋 那智子	土屋児童文庫	1994—2000	
伊藤 牧夫	朝日カルチャーセンター会長		1994—1996
栗田 明子	（株）日本著作権輸出センター代表取締役		1994—2006
湯沢 雍彦	お茶の水女子大学教授		1994—2006
中多 泰子	東京都立中央図書館資料部収書課長		1994—2010
阿川 尚之	米国弁護士　慶應義塾大学教授		1997—2003
依光 恒治	元中野区教育委員会教育長		1997—2003
浅見 和子	元茨城県つくば市社会教育委員	1999—2006	
今井 健夫	弁護士		2001—2006
社浦 迪夫	前財団法人伊藤忠記念財団事務局長	2006—2014	2003—2006
渡部 伸子	前横浜市立市ヶ尾小学校校長	2006—2021	2003—2006
齊藤 豊	中野区立江原小学校校長		2003—2006
川上 賢一	（株）地方・小出版流通センター代表取締役	2010—2019	2003—2010
内田 武男	内田税務会計事務所　税理士	＊ 2006—2010	
小関 知子	三鷹市立西部図書館館長	2006—	
小林 いづみ	子どもの本の普及活動、翻訳	2006—2010	2010—
加藤 哲夫	早稲田大学図書館長・大学院法務研究科教授		2006—
馬場 健男	馬場健男税理士事務所　税理士	＊ 2010—	
張替 惠子	元日野市立図書館司書　武蔵野大学講師	2010—理事・事務局長　2015—理事長	
石田 房枝	石田歯科医院　小児歯科医		2010—2019
鈴木 由香里	（株）日本投資環境研究所シニアコンサルタント		2010—
髙橋 美知子	NPO法人うれし野こども図書館理事長	2013—2019	
髙橋 伸一郎	東京大学大学院農学生命科学研究科教授		2014—
荒井 優	東日本大震災復興支援財団専務理事		2014—2022
杉山 きく子	前都立図書館司書　風渡野文庫主宰	2015—	
松浦 弥太郎	エッセイスト　株式会社キホン代表取締役	＊ 2016—	
小池 智子	世田谷文学館学芸員		2018—
須永 祐慈	NPO法人ストップいじめ！ナビ副代表		2018—
上田 麻里	岩波書店編集部	2019—	
髙橋 樹一郎	奈良県天理市立図書館館長	2019—	
礒﨑 正仁	礒﨑印刷株式会社代表取締役	2021—	
松本 玲子	中野区次世代育成委員		2022—
竹迫 祐子	（公財）いわさきちひろ記念事業団理事	2022—	
佐々木 周	前北海道教育大学准教授		2022—

東京子ども図書館　50年のあゆみ

2024年11月18日　第1刷発行

編集協力　佐藤尚子、土屋智子（敬称略）
写真の掲載についてご快諾いただきましたみなさまにお礼申し上げます。

編　集　東京子ども図書館
発行者　張替惠子
発行所・著作権所有　公益財団法人 東京子ども図書館
　　　　　　　　　　　〒165-0023　東京都中野区江原町1-19-10
　　　　　　　　　　　Tel.03-3565-7711　Fax.03-3565-7712
　　　　　　　　　　　URL https://www.tcl.or.jp

印　刷　磯﨑印刷株式会社

©Tokyo Kodomo Toshokan 2024　ISBN 978-4-88569-097-6